LE
CODE CIVIL

ET

LA PAIX SOCIALE

PAR

A. DUVERGER

PROFESSEUR DE CODE CIVIL A LA FACULTÉ DE DROIT DE PARIS
AVOCAT A LA COUR D'APPEL.

(EXTRAIT DE LA *Revue pratique de droit français*, T. XLVIII.)

PARIS
A. MARESCQ AINÉ, LIBRAIRE-ÉDITEUR
20, RUE SOUFFLOT, 20.
Au coin de la rue Victor-Cousin.
—
1881

LE

CODE CIVIL ET LA PAIX SOCIALE

LE
CODE CIVIL

ET

LA PAIX SOCIALE

PAR

A. DUVERGER

PROFESSEUR DE CODE CIVIL A LA FACULTÉ DE DROIT DE PARIS

AVOCAT A LA COUR D'APPEL.

(EXTRAIT DE LA *Revue pratique de droit français*, T. XLVIII.)

PARIS

A. MARESCQ AÎNÉ, LIBRAIRE-ÉDITEUR

20, RUE SOUFFLOT, 20.

Au coin de la rue Victor-Cousir

1881

CODE CIVIL ET LA PAIX SOCIALE

Il est difficile aujourd'hui de trouver un terrain sur lequel pourraient se réunir les honnêtes gens de tous les partis. Nos préférences pour la république ou pour la monarchie, pour telle république ou telle monarchie, augmentent et même produisent, en religion, en philosophie, en histoire, des divisions qui deviennent, le plus souvent, des hostilités.

Le Code civil a cette fortune qu'il est accepté comme une bonne loi sociale par la plupart des Français : il n'est attaqué, dans ses principes, que par ceux qui veulent détruire ce que l'immense majorité veut conserver, quelques-uns la sécularisation de l'état civil, quelques-uns le mariage, quelques-uns la propriété individuelle et héréditaire. Je voudrais montrer que, si nous étions fidèles partout aux principes de ce Code proclamé par nous juste et sage, la paix se ferait dans la grande famille française. La division sur la forme du gouvernement subsisterait ; mais la lutte perdrait son âpreté, elle ne tarderait pas beaucoup à s'éteindre, lorsque chacun serait assuré, pour l'avenir, du respect de sa religion et de la jouissance des libertés sans lesquelles il n'y a ni dignité ni sécurité.

Les principes du Code civil sont : le respect de Dieu ; — le respect de la morale ; — le respect de la personne, de sa liberté ; — le respect de l'ordre public ; — l'assistance, dans les limites que marque le respect dû à la liberté. Tous ces devoirs se ramènent à un principe unique, le bien ; en distinguant, je cherche la clarté.

I.

Respect de Dieu. — Le Code ordonne dans certains cas que la personne chargée d'une mission ou d'une obligation *jurera* de les accomplir fidèlement ; il autorise chacune des parties, dans un procès, à déférer à l'autre *le serment* sur un fait personnel à celle-ci, il décide que celui à qui le serment est déféré et qui refuse de jurer, perd son procès, à moins qu'il ne réfère lui-même le serment à son adversaire ; enfin le juge peut, sous les conditions déterminées par la loi, former sa conviction d'après le serment prêté par la partie à laquelle il l'a déféré.

Le serment est « un acte de religion, où celui qui jure prend Dieu pour témoin de sa fidélité en ce qu'il promet, et pour juge et vengeur de son infidélité, s'il vient à y manquer (1). »

Une loi qui prescrit le serment commande le respect de Dieu.

Dans la discussion de la loi sur le sacrilège, Royer-Collard traitait de calomnie impudente l'accusation d'athéisme jetée aux lois françaises. « Il est faux, disait-il, qu'on ne sorte de la théocratie que par l'athéisme. En point de fait, la loi française n'est point théocratique... ; il s'en faut bien que la loi française soit athée... Les lois elles-mêmes se sont mises, et avec elles la société entière, sous la protection du serment... Quoi ! le serment est un acte de religion, où Dieu partout présent intervient comme témoin et comme vengeur ; et quand les lois se confient sans cesse au serment, que sans cesse elles le prescrivent et peut-être elles le prodiguent, on ose dire que Dieu est exclu de ces mêmes lois, et que l'État est légalement athée ! »

« Que serait la garantie du serment sans religion (2) ? »

Ce n'est pas seulement la consécration du serment qui atteste, dans le Code civil, le respect de Dieu ; ce Code repose tout entier, — nous le montrerons bientôt, — sur la philosophie qui voit en Dieu la substance du vrai, du beau et du bien.

Au premier rang, parmi les auteurs du Code, sont les hommes qui ont fait le Concordat. Voici leur doctrine : « L'idée d'un Dieu législateur n'est-elle pas aussi essentielle au monde intelligent, que l'est au monde physique celle d'un Dieu créateur et premier moteur de toutes les causes secondes ? .

. . . .

« On sera forcé de convenir que, par la nature des choses, les institutions religieuses sont celles qui unissent, qui rapprochent davantage les hommes, celles qui nous sont le plus habituellement présentes dans toutes les situations de la vie

(1) Domat.
(2) Rossi, *Cours de droit constitutionnel*, t. I, p. LXII.

celles qui parlent le plus au cœur, celles qui nous consolent le plus efficacement de toutes les inégalités de la fortune, et qui seules peuvent nous rendre supportables les dangers et les injustices inséparables de l'état de société ; enfin celles qui, en offrant des douceurs aux malheureux et en laissant une issue au repentir du criminel, méritent le mieux d'être regardées comme les compagnes secourables de notre faiblesse... (1). »

Nos autres codes s'accordent avec le Code civil. Lorsque nous exerçons « le terrible pouvoir de juger, » la loi nous rappelle Dieu incessamment : « Vous jurez et promettez devant Dieu et devant les hommes d'examiner avec l'attention la plus scrupuleuse les charges... » Le chef du jury dit : « Sur mon honneur et ma conscience, devant Dieu et devant les hommes, la déclaration du jury est.... »

Dira-t-on que la Constitution de 1875 ne débute pas, comme la Constitution de 1848, par ces mots : « En présence de Dieu, et au nom du peuple français... ? » On oublierait que la Constitution actuelle porte : « Le dimanche qui suivra la rentrée, des prières publiques seront adressées à Dieu dans les églises et dans les temples, pour appeler son secours sur les travaux des assemblées. »

Traiter de superstition la foi en Dieu, travailler, à ciel ouvert ou souterrainement, à la détruire, c'est attaquer un des principes du Code civil ; c'est, en même temps, froisser dans la conscience, blesser au cœur, la plupart d'entre nous, c'est empêcher la paix sociale.

II.

Le second principe du Code civil est le respect de la morale.

Le Code défend de déroger par des conventions aux lois qui intéressent les bonnes mœurs ; il annule les engagements dont la cause est immorale ; il consacre donc le principe qu'il n'y a pas de droit contre la morale.

Les tribunaux en font souvent l'application ; ils refusent, par exemple, de condamner le souscripteur d'un billet, lorsque l'engagement a eu pour cause réelle des relations illicites.

Quelle est la morale dont le respect est garanti par le Code ?

(1) Portalis, *Discours sur l'organisation des cultes.*

Celle dont le principe est le bien sous ses deux faces, la justice et la charité. Le Code, — nous nous proposons de l'établir, — sanctionne partout le devoir de respect ou de justice, et, dans certains cas, le devoir d'assistance ou de charité ; il a été inspiré ou rédigé par des jurisconsultes dont la morale était celle de l'Evangile, la morale de la philosophie spiritualiste.

« Dieu, dit Domat, a tellement assorti les hommes entre eux et l'univers à tous les hommes, que les mêmes objets qui doivent les exciter à l'amour du souverain bien, les engagent aussi à la société et à *l'amour mutuel entre eux*. Car on ne voit rien et on ne connaît rien, ni hors de l'homme ni dans l'homme, qui ne marque sa destination à la société. » Voilà pour la charité, voici pour la justice : « Tous les hommes ont dans l'esprit les impressions de la vérité et de l'autorité de ces lois naturelles, qu'il ne faut faire tort à personne ; qu'il faut rendre à chacun ce qui lui appartient ; qu'il faut être sincère dans les engagements, fidèle à exécuter ses promesses ; et d'autres règles semblables de la justice et de l'équité. Car la connaissance de ces règles est inséparable de la raison, ou plutôt la raison n'est elle-même que la vue et l'usage de toutes ces règles (1). »

Pothier, « notre maître à tous (2), » avait les mêmes principes. On sait que Domat et Pothier ont été, suivant la juste expression de M. Laurent, les vrais auteurs du Code civil.

D'Aguesseau, l'élève et l'ami de Domat, le protecteur de Pothier, a fait les célèbres ordonnances, auxquelles les rédacteurs du Code déclarent « avoir eu recours avec le respect qu'inspire leur profonde sagesse et le succès dont elles ont été couronnées » (Exposé des motifs du titre *Des donations entre-vifs et des testaments*). Lorsque d'Aguesseau recherche quel est le droit naturel entre l'homme et ses semblables, il trouve, dans sa conscience, cette loi : « Je dois être toujours dans la disposition réelle et effective de faire du bien à mes semblables... Ils n'auront donc rien à craindre de ma part, ni pour leurs biens, ni pour leur vie, ni pour leur honneur... Je ne me contenterai pas de remplir ces devoirs négatifs... Assister les misérables et les indigents, soutenir les faibles, défendre les opprimés, consoler les malheureux et donner à tous les secours qui dépen-

____

(1) *Traité des lois*, ch. 1 à 9.
(2) M. Demolombe.

dent de moi... me paraîtront non seulement des actes de bonté ou d'une générosité purement volontaire de ma part, mais des devoirs fondés sur cette justice naturelle dont j'explique ici les véritables règles (1). »

Parmi les rédacteurs du Code, Portalis était, au point de vue philosophique, le plus profond et le plus influent. C'est lui qui a été chargé d'écrire le *Discours préliminaire,* exposé général des motifs du projet de Code, et l'exposé des motifs des lois civiles fondamentales, des titres du *Mariage* et de la *Propriété.* Portalis s'était révélé de bonne heure comme philosophe et comme publiciste. Il n'avait que vingt-quatre ans, lorsque le duc de Choiseul, presqu'à la veille de sa disgrâce, lui fit demander un avis motivé sur la validité des mariages protestants. Portalis conclut en faveur de la validité. Voltaire a dit de cette consultation qu'elle était « un véritable traité de philosophie, de législation et de morale politique ; » il a écrit sur le manuscrit que possède encore la famille Portalis : « Si les avocats sont assez courageux pour signer cette dissertation, si les juges sont assez sages et assez hardis pour faire une loi nouvelle, je me fais porter en litière, tout mourant que je suis, et vais les remercier ; je leur dirai : *Nunc dimittis...* (2). »

« Le droit, dit Portalis, après Cicéron et Montesquieu, est la raison universelle, la suprême raison fondée sur la nature même des choses. Les lois sont ou ne doivent être que le droit réduit en règles positives (3). » Quelle est, pour Portalis, la nature des choses ? « Comme le premier bien est de ne pas souffrir, le premier précepte est de ne pas faire de mal. Ce précepte est prohibitif et absolu : il marche avant celui de faire du bien ; il oblige les souverains comme les particuliers. Dans la politique, ainsi que dans les actions ordinaires de la vie, on n'est autorisé à faire un bien public qu'autant que l'on s'est assuré que l'on ne fait injustement de mal à personne. — Si *un seul* individu souffre injustement, le principe du bien commun est violé ; le droit social est enfreint... » — Portalis aurait dit, comme d'Aguesseau : « Si la société ne peut être sauvée que par une

----

(1) *Institution au droit public,* 1ʳᵉ partie.
(2) M. Boullée, *Biographies contemporaines,* t. II, p. 173.
(3) *Discours préliminaire,* Fenet, t. I, p. 462. « Le droit ne naît pas des règles, mais les règles naissent du droit... » Portalis, discussion au conseil d'Etat sur la lésion dans la vente. Fenet, t. XIV, p. 38.

iniquité, il n'est pas nécessaire que la société soit sauvée. » —
Il poursuit : « La morale, bien connue et bien développée, em-
brasse les individus, les familles, les corps de nation, la société
générale des hommes. La philosophie peut et doit montrer
cette liaison ; mais elle détruit son propre ouvrage si, en éta-
blissant la morale, elle écarte la religion... Dans cette grande et
importante science (de la morale) tout est fondé sur ces bases
inébranlables, que nous sommes hommes, que nous vivons
avec d'autres hommes, qu'il est un ordre que nous n'avons point
établi, et que cet ordre est sous la puissante garantie de son
auteur. Il n'y a plus de sûreté pour la terre, si l'on rompt la
chaîne d'or qui suspend la terre au ciel (1). »

Telle est la morale à laquelle ne peuvent déroger ni la convention ni le testament.

Vous m'avez promis un salaire pour que j'apprenne à vos
enfants qu'il n'y a point de Dieu ou, du moins, que Dieu est
une hypothèse dont la vérification échappe à la science, et qui
doit être négligée ; j'ai réussi à faire de vos enfants des athées
ou, au moins, des sceptiques ; vous me refusez le salaire promis et si bien gagné, aucun juge ne vous condamnera à le
payer. Aucun tribunal ne m'allouerait les honoraires par moi
stipulés pour enseigner que l'homme est fatalement déterminé
à vouloir ce qui se présente à lui comme son intérêt, que le
bien, le libre arbitre, le devoir, la responsabilité, ont été in-
ventés par les prêtres et par les philosophes.

Attaquer la morale du devoir, c'est attaquer les bases du
Code civil ; ruiner cette morale dans nos âmes, ce serait
ruiner en France la souveraineté du droit, la seule qui puisse
rétablir et faire durer parmi nous la paix sociale. « Le devoir et
le droit sont frères. Leur mère commune est la liberté. Ils
naissent le même jour, ils se développent et ils périssent en-
semble (2). »

<hr>

(1) *De l'usage et de l'abus de l'esprit philosophique durant le
huitième siècle*, par J. E. Portalis, de l'Académie française, 3ᵉ édit., t
p. 87-92.
(2) M. Cousin, *Justice et Charité.*

III.

Le troisième principe du Code est le respect de la personne, de sa liberté.

La philosophie qui a inspiré le Code civil appelle ce respect justice ; le texte du Code sanctionne le devoir de justice, en ces termes : « Tout fait quelconque de l'homme qui cause à autrui un dommage, oblige celui par la faute duquel il est arrivé à le réparer. » Pour reconnaître que cette disposition fait entrer dans le Code la justice tout entière, il suffit de laisser aux mots *dommage* et *faute* leur complète signification. Toute perte, toute souffrance physique ou morale, toute gêne, causée à une personne par une autre personne, directement ou indirectement, est, pour la première, un dommage. Tout empiétement de l'un sur le droit de l'autre est une faute.

Où finit votre droit? où commence le mien? C'est là ce que le Code détermine à la lumière du principe d'égalité.

D'après le Code, le fait d'exister investit la personne, l'homme ou la femme, de l'*état civil* (nationalité, famille), du patrimoine (fortune) ou, du moins, de l'aptitude à l'acquérir. L'enfant seulement conçu a ces droits, pourvu qu'il naisse viable. L'état et le patrimoine de chaque personne forment des domaines inviolables. Le Code prend de minutieuses précautions pour que l'état soit constaté et que la preuve en soit conservée. Il assure, avec une scrupuleuse sollicitude, la conservation et la gestion du patrimoine des mineurs ; il assimile, après l'interdiction, les fous aux mineurs.

L'état peut être modifié par l'adoption, par le mariage. Les formes de l'adoption et celles du mariage témoignent du respect de la loi pour la liberté de la personne : elle n'est soumise aux obligations qu'entraînent ces actes irrévocables que par son consentement librement donné. La prudence des ascendants, du conseil de famille ou d'un tuteur spécial vient en aide à l'inexpérience des jeunes filles ou des jeunes hommes.

La Constituante avait garanti à tout homme « la liberté d'exercer le culte auquel il est attaché ; » elle avait tiré de ce principe la conséquence qu'il serait établi « pour tous les habitants sans distinction, le mode par lequel les naissances et décès seraient constatés. » Le Code civil s'est inspiré du même principe. « La liberté des cultes a été proclamée. Il a été possible alors de séculariser la législation; on a organisé cette grande idée qu'il faut souffrir tout ce que la Providence souffre, et que la loi qui ne peut forcer les opinions religieuses des citoyens ne doit voir que des Français, comme la nature ne voit que des hommes » (Portalis, *Exposé des motifs* du titre *du Mariage*).

La personne mariée est protégée par la loi contre les manquements graves de son conjoint aux obligations du mariage; elle fera prononcer la séparation de corps.

Le Code respecte chez le père et la mère le droit naturel de puissance paternelle; il se borne à le sanctionner : « Le législateur a reconnu que cette puissance uniquement fondée sur la nature ne recevait de la loi civile qu'une confirmation » (*Exposé des motifs* du titre *de la Puissance paternelle*).

Le Code respecte aussi le droit de l'enfant; il consacre l'obligation des père et mère de le nourrir, de l'entretenir, de l'élever. Elever, c'est faire germer dans l'âme les divines semences que son auteur y a jetées, c'est ouvrir l'esprit à la science, c'est instruire; le Code contient donc le principe de l'instruction obligatoire (1). La loi qui sanctionnera cette obligation ne fera que compléter le Code civil; il en sera de même de la loi qui organisera le moyen d'assurer l'entretien et l'éducation de l'enfant matériellement ou moralement abandonné par ses père et mère. Déjà les tribunaux, généralisant certaines décisions du Code et s'inspirant de son esprit, enlèvent aux parents, s'il y a lieu, la garde de l'enfant et la confient à une tierce personne.

Sauf ces limites de l'autorité paternelle, appuyées sur le principe même du Code civil, le respect de la personne, le Code n'a rien retranché du pouvoir que Dieu confie aux père et mère, en leur donnant des enfants ; il n'a conféré nulle part à l'Etat le droit de déterminer les doctrines religieuses, philosophiques, historiques, politiques, qui seraient enseignées à tous les jeunes Français; il aurait violé son principe; il aurait attenté à la plus sacrée de toutes les magistratures, la magistrature paternelle, «magistrature indépendante de toutes les con-

---

(1) Pothier disait déjà : « Que les parents *étaient tenus* de fournir à leurs enfants les aliments nécessaires et de leur donner *une éducation convenable,* » *Traité du contrat de mariage,* n° 384.

ventions et qui les a toutes précédées » (même *Exposé des motifs*) :

Contrarier, directement ou indirectement, le maintien, la fondation, le développement d'écoles dans lesquelles l'enfant recevra l'éducation et l'instruction qui conviennent à son père, ce serait attenter au droit paternel reconnu par le Code civil ; — à attenter au droit conjugal ou *paternel*, c'est attenter à la personne dans ce qu'elle a peut-être de plus sacré (1) ; » — ce serait, de plus, violer le principe d'égalité. On ne proposera pas de rétrograder jusqu'à l'Etat antique, jusqu'à l'Etat de Platon, maître absolu du physique et du moral des citoyens ; on ne mettra pas dans la loi, au mépris d'une liberté constitutionnelle, cette doctrine d'Aristote : « Comme l'Etat tout entier n'a qu'un seul et même but, l'éducation doit être nécessairement une et identique pour tous ses membres... La loi doit régler l'éducation, et l'éducation doit être publique (2). » Il faudrait en venir là pour arracher l'enfant à son père et l'élever de force dans les idées de l'Etat. On se contentera de constater que l'enfant reçoit de son père ou, au moins, chez son père, les connaissances comprises dans l'instruction obligatoire. Comment dès lors, sans violer l'égalité, gêner directement ou indirectement, pour le père qui n'est pas instruit ou qui n'est pas riche, le choix d'une école dont les maîtres élèveront ses enfants dans les doctrines qui sont les siennes?

Sans doute, l'ordre public et la protection due à l'enfant exigent que toutes les écoles soient surveillées au nom de l'Etat. L'inspection des écoles, l'examen des livres, la faculté d'assister aux leçons, permettent à l'Etat de réprimer les infractions à l'ordre public. Aller plus loin, recourir aux moyens préventifs, ce serait commettre un attentat contre la liberté de conscience.

Cette liberté ne peut pas être exercée par l'enfant; elle ne peut être exercée, pour lui, que par son père. On ne s'avisera jamais de dire, dans une société régénérée par les principes de 89, que c'est l'Etat qui exercera pour l'enfant la liberté de conscience, qui fera le choix des doctrines, dans lesquelles il sera nécessairement élevé. Sans doute, c'est un droit pour l'enfant que la liberté de son esprit soit respectée : les tribunaux doivent

(1) M. Cousin, *Du vrai, du beau et du bien*, quinzième leçon.
(2) *Politique d'Aristote*, traduite par M. Barthélemy Saint-Hilaire, l. V, ch. 1 (2ᵉ édit., p. 264).

fermer les écoles, priver du droit d'éducation les familles, qui auraient entrepris de pervertir, chez l'enfant, la raison et la conscience. Mais c'est aussi un droit pour l'enfant d'être élevé par ses père et mère; il le tient de Dieu qui leur confie sa personne; et ce droit est reconnu par le Code civil (art. 203 et 385).

Si nous passons, avec le Code, du droit des *personnes* au droit des *biens*, nous reconnaîtrons que le principe est toujours le respect de la personne, de sa liberté. Le droit des biens a pour objet la propriété sous ses diverses formes; la propriété, c'est encore la personne. « La personne est inviolable : et elle seule l'est. Elle l'est non seulement dans le sanctuaire de la conscience, mais dans toutes ses manifestations légitimes, dans ses actes, même dans les instruments qu'elle fait siens en s'en servant. Là est le fondement de la sainteté de la propriété... Ce n'est pas la propriété en elle-même qui a des droits, c'est le propriétaire, c'est la personne qui lui imprime, avec son caractère, son droit et son titre (1). » Telle est la doctrine du Code : il donne de la propriété une définition qui présente la loi, non comme la source du droit, mais comme la règle de son exercice; la source, d'après l'exposé des motifs, « *est en nous...* dans la constitution de notre être et dans nos différentes relations avec les objets qui nous environnent. » Dire que la propriété sort de nous, c'est lui reconnaître le caractère inviolable de notre personne.

Le Code témoigne de son respect pour la personne, lorsqu'il attache la force d'une loi à la dernière volonté, au testament du propriétaire; lorsqu'à défaut de testament, il appelle à la succession, non pas l'Etat ou la commune, mais les personnes qui étaient les plus chères au défunt. « Vous concevez, législateurs, dit l'*Exposé des motifs*, combien il importe de se pénétrer de toutes les affections naturelles et légitimes, lorsqu'on trace un ordre de succession : on dispose pour tous ceux qui meurent sans avoir disposé; la loi présume qu'ils n'ont eu d'autre volonté que la sienne. Elle doit donc prononcer comme eût prononcé le défunt lui-même, au dernier moment de sa vie, s'il eût pu ou s'il eût voulu s'expliquer... »

Le respect de la personne éclate encore dans les nombreux

---

(1) M. Cousin, *Du vrai, du beau et du bien*, quatorzième leçon.

textes consacrés aux contrats; il a dicté la prohibition des engagements à vie; ils auraient rappelé la servitude. Par une
contradiction flagrante, la plus grande violation du principe,
« la plus grande de toutes les injustices parce qu'elle les renferme toutes, » l'esclavage, continuait à déshonorer notre législ-
lation. Le décret d'avril 1848, qui en a purgé toute terre
française et qui a défendu aux Français d'être propriétaires
d'esclaves même sur une terre étrangère, n'a fait que chasser
de notre législation des lois contraires au principe fondamental
du Code civil.

Le Code avait admis la contrainte par corps; c'était, il est
vrai, à titre d'exception; mais l'exception était trop large. Le
respect de la personne a obtenu, en 1867, l'abolition de la contrainte par corps en matière civile, commerciale et contre les
étrangers.

La liberté des conventions que nos tribunaux garantissent,
parce qu'elle est un principe du Code civil(1), n'est autre chose
que le respect des contractants, le respect de leur volonté.

Le Code n'a pas dérogé à ce principe en matière de société:
il n'apporte au droit de s'associer qu'une limite, le respect dû
à l'ordre public. Sans doute, il est fidèle à la règle tradition-
nelle, que « les corps et communautés » n'existent qu'après
avoir reçu la personnalité de l'autorité publique (2); il se
réfère, pour les biens qui *n'appartiennent pas à des particuliers,*
aux règles qui sont spéciales à ces biens; il décide que les dispositions entre-vifs ou par testament au profit des gens de
mainmorte n'auront leur effet qu'autant qu'elles auront été
autorisées par le gouvernement. C'est une règle d'ordre public
qu'il n'est permis de violer ni ouvertement ni clandestinement.
Le Code ne se contredit pas: son principe est la liberté naturelle de l'individu; cette liberté ne contient pas le droit d'intro-
duire dans l'Etat des êtres fictifs, doués de la personnalité. Mais
autre chose est constituer une personne morale distincte des
personnes physiques groupées sous son nom, capable d'avoir
des droits, susceptible, par sa perpétuité, de s'accroître jusqu'à devenir redoutable pour l'Etat; autre chose s'associer sans
constituer une nouvelle personne. Les personnes réelles puisent

(1) « La loi... répute licite tout ce qu'elle ne défend pas... » *Livre prélimi*
naire du projet de l'an VIII, titre 4, sect. 8.
(2) Pothier, *Traité des personnes*, titre 7.

dans leur liberté naturelle le droit de joindre leurs efforts pour atteindre tel ou tel but (1). Le Code reconnaît ce droit. C'est se mettre en opposition avec lui, que d'entraver les associations.

Mais, dira-t-on, le Code ne consacre la liberté d'association qu'en matière pécuniaire, et son autorité ne peut être invoquée lorsque la société n'est pas formée « dans la vue de partager le bénéfice qui pourra en résulter. »

Ce que nous invoquons, ce n'est pas la disposition même du Code, c'est le principe qui l'a dictée; ce principe est le respect de la personne ; le respect de la personne est indivisible ; toute atteinte à ce respect est donc une violation du principe fondamental de notre loi civile, la liberté de la personne (2).

Le Code a puisé ce principe dans le droit naturel reconnu et proclamé par la *Déclaration des droits* : « Le but de toute association politique est la conservation des droits naturels et imprescriptibles de l'homme. Ces droits sont *la liberté*, la propriété... »

Dans la liberté, la Constituante comprenait la faculté de s'associer en toute matière ; elle l'a déclaré, le 13 novembre 1790, en ces termes : « Les citoyens ont droit de s'assembler paisiblement *et de former entre eux des sociétés libres*, à la charge d'observer les lois qui régissent tous les citoyens ; en conséquence, la municipalité de Dax n'a pas dû troubler la société formée dans cette ville sous le nom de *Société des amis de la Constitution* ; ladite société a le droit de continuer ses séances et ses papiers doivent lui être rendus (3). »

On prétend que des lois et des décrets ont aboli le droit de

(1) « Le contrat de société étant un contrat du droit naturel qui se régit par les seuls principes du droit naturel... » Pothier, *Contrat de société* n° 78. — M. Ortz, dans son livre de l'*Incapacité civile des congrégations religieuses non autorisées*, distingue la mainmorte qu'il appelle un privilège, de « *la liberté d'association que le respect du droit individuel commande de maintenir* » (p. 70).

(2) « Aux yeux du peuple français, la liberté n'existe pas par morceaux, il la réclame tout entière. » M. Alfred Fouillée, *L'idée moderne du droit*, p. 165.

(3) Duvergier, *Collection complète des lois*, t. II, p. 19. — La Constitution du 3 septembre 1791 garantit aux citoyens la liberté de s'assembler, sans ajouter : de s'associer ; mais le décret postérieur des 29 et 30 septembre 1791 suppose l'existence du droit de s'associer, puisqu'il défend aux sociétés populaires, non pas de se former, mais de faire des actes politiques. — Voir à la suite du décret le rapport de l'ancien comité de Constitution, dont le même décret ordonne l'impression. Duvergier, t. III, p. 457.

former des sociétés ayant un autre but que celui de s'enrichir. Mais ces lois et ces décrets violaient les principes de 89 ; ils ont péri avec les pouvoirs qui les avaient rendus.

Odilon Barrot l'a dit éloquemment du décret de 1811 sur l'état de siège, lorsqu'en 1832 il a obtenu l'annulation, par la Cour de cassation, d'un jugement de conseil de guerre, qui avait appliqué ce décret à un non-militaire. J'aurai l'occasion de revenir sur ce mémorable arrêt et sur l'abrogation par les Constitutions postérieures des lois et des décrets inconciliables avec leurs dispositions.

Il est établi, je crois, que le respect de la personne est un principe fondamental du Code civil; ne pas respecter chez le père le droit de faire élever son enfant, comme il l'entend et sans manquer au respect dû au droit de l'enfant; ne pas respecter, chez le citoyen, en toute matière licite, le droit de s'associer; c'est être infidèle au principe le plus général du Code civil; c'est, en outre, nous diviser profondément, c'est mettre à la paix sociale un insurmontable obstacle (1).

IV.

Le quatrième principe du Code civil est le respect de l'ordre public.

Les dispositions du Code qui défendent au juge de faire exécuter les conventions contraires aux bonnes mœurs, lui défendent aussi de condamner à l'accomplissement des obligations contractées au mépris de l'ordre public.

L'ordre est l'arrangement des choses mises à leur place; l'ordre public est le maintien à leur place des institutions sociales; ce maintien résulte de la soumission de tous à ces institutions.

Les institutions sociales ont pour objet, les unes, la constitution et le fonctionnement des organes de la puissance publique; les autres, la reconnaissance et la garantie du droit du citoyen ou, plus généralement, de l'individu.

Ces droits sont contenus dans la liberté que l'homme reçoit de Dieu avec la vie, et qui le rend inviolable tant qu'il ne viole

______

(1) « ... La paix est le rapport normal des libertés. » M. Fouillée, *loc. cit.*, p. 54.

pas lui-même la liberté d'autrui ; ils s'appellent droits privés ou civils, lorsqu'ils s'exercent de particulier à particulier ; droits publics, lorsqu'ils protègent les individus contre la puissance publique. Les droits publics se nomment aussi libertés publiques : liberté de conscience et de culte, avec sa conséquence nécessaire, la liberté d'enseignement ; liberté individuelle avec ses conséquences nécessaires, la liberté du domicile, celle du travail, celle de la propriété ; liberté de la presse ; liberté de réunion et d'association. Un même droit est considéré tantôt comme droit civil ou privé, tantôt comme droit public : tels, la propriété, le domicile.

Les droits appelés politiques, comme l'électorat et l'éligibilité, constituent la participation des citoyens à la formation et à l'exercice de l'autorité publique ; ils se rangent dans les institutions sociales qui ont pour objet la formation et la marche de la puissance publique.

Le Code comprend, nécessairement, dans la défense de porter atteinte à l'ordre public, toutes les institutions qui constituent l'ordre public. Faire mépris de la forme du gouvernement ou des libertés publiques, c'est manquer au respect de l'ordre public ; ne pas respecter l'ordre public, c'est violer un principe du Code civil, c'est violer une loi plus haute.

Le principe du Code est puisé dans la loi naturelle ou divine. Si l'homme vient de Dieu, la société essentielle à l'homme et la puissance publique sans laquelle il n'y a point de société viennent aussi de Dieu. « Toute puissance suprême, disait d'Aguesseau, de quelque genre qu'elle soit, vient de Dieu : la raison me l'apprend, et la révélation m'en assure... — A quoi se réduit tout ce que les peuples peuvent faire pour se donner un maître ? C'est de servir d'instrument à celui qui est naturellement le maître de tous les hommes, je veux dire à Dieu, de qui seul celui qui monte sur le trône reçoit toute son autorité. — Ainsi, *dans une république*, à chaque changement des personnes chargées du gouvernement, le peuple nomme et présente à Dieu, si l'on peut se servir de cette expression, ceux par qui il doit être gouverné. — Ainsi, dans les monarchies électives... Ainsi, dans les royaumes héréditaires... (1). »

Jamais les subtilités inventées par l'esprit de parti ne met-

(1) *Institution au droit public*. Deuxième partie, seconde réflexion.

tront d'accord, devant la conscience, le dédain, le dénigre-
ment, l'injure, prodigués aux lois constitutionnelles, et le devoir que la raison et la révélation apprenaient à d'Aguesseau,
de respecter la loi humaine qui n'est pas contraire à la loi divine.

D'autre part, les libertés publiques sont les droits naturels
de la personne ; l'atteinte portée à l'une quelconque de ces
libertés est une violation de la loi naturelle et divine, de la loi
de justice : ne fais pas à autrui ce que tu ne veux pas qu'il te
soit fait.

Le caractère sacré des libertés publiques a été proclamé dans
la *Déclaration des droits* : « L'Assemblée nationale reconnaît et
déclare, en présence et sous les auspices de l'Etre suprême, les
droits suivants de l'homme et du citoyen : Art. 1. Les hommes
naissent et demeurent libres et égaux en droits... Art. 2. Le
but de toute association politique est la conservation des droits
naturels et imprescriptibles de l'homme. Ces droits sont *la
liberté*, la propriété, la sûreté et la résistance à l'oppression. »

Ce n'était pas seulement au pouvoir exécutif et aux citoyens
que la Constitution de 1791 enjoignait le respect des droits
qu'elle garantissait, c'était même au pouvoir législatif : « Le
pouvoir législatif ne pourra faire aucunes lois qui portent atteinte et mettent obstacle à l'exercice des droits naturels et
civils consignés dans le présent titre et garantis par la Constitution... » La Constitution ajoutait : « Comme la liberté ne
consiste qu'à faire tout ce qui ne nuit ni aux droits d'autrui ni
à la sûreté publique, la loi peut *établir des peines* contre les
actes qui, attaquant ou la sûreté publique ou les droits d'autrui,
seraient nuisibles à la société. » La Constitution n'autorisait
donc que les lois répressives ; elle défendait les lois préventives.

Venait ensuite, dans la Constitution de 1791, l'organisation
des « pouvoirs publics. »

Sous l'empire de cette constitution, attaquer les libertés publiques ou les pouvoirs publics, c'était violer l'ordre public
constitutionnel.

Il en doit être ainsi aujourd'hui, puisque nous avons recon-
quis la jouissance *des principes de* 89 ; cependant, on le con-
teste, non pour l'organisation des pouvoirs publics, qui est
écrite dans les lois constitutionnelles de 1875, mais pour les
libertés publiques qui n'y sont pas mentionnées. Une opinion,

très répandue, prétend que ces libertés n'ont plus la garantie constitutionnelle, qu'elles sont, par suite, à la discrétion du législateur.

Je demande la permission d'examiner cette importante question qui touche de bien près à mon sujet; le devoir, prescrit par le Code civil, de respecter l'ordre public, sera, en ce qui concerne les libertés publiques, d'autant plus sacré que ces libertés seront reconnues inviolables même pour le législateur.

On dit : La Constitution de 1875 se tait sur les libertés publiques ou droits publics des Français ; elle abandonne les précédents; le pouvoir constituant a abdiqué en faveur du pouvoir législatif.

Parmi les partisans de cette opinion, les uns déplorent cette abdication ; les autres s'en félicitent, soit qu'il leur suffise, pour être libres, d'être gouvernés par des assemblées issues du suffrage universel, soit qu'ils considèrent que, les libertés publiques ayant une garantie suffisante dans la nécessité de l'accord des deux Chambres, la mise en mouvement du pouvoir constituant serait un embarras inutile.

Se proclamer libre par cela seul qu'on dépend uniquement du suffrage universel, c'est renoncer à la liberté : l'essence de la liberté est l'indépendance à l'égard de toute puissance humaine, dans les limites de la justice, c'est-à-dire du respect des droits d'autrui. L'homme n'a pas le droit, puisqu'il a reçu de Dieu la liberté, et quoi qu'en ait dit Rousseau, « de mettre en commun sa personne et toute sa puissance sous la suprême direction de la volonté générale;» la souveraineté absolue, même du peuple, serait une loi contre nature ; « il y a des masses trop pesantes pour la main des hommes (1). »

Reconnaître le droit de la personne à la liberté, mais ne réclamer, pour cette liberté, que la garantie législative, c'est oublier que la majorité, dans l'une et l'autre Chambre, a besoin d'être défendue contre elle-même par la Constitution; que la passion pourrait l'entraîner à détruire, en un moment, une liberté dont userait la minorité pour se défendre ou pour attaquer. Sans doute, malgré la garantie constitutionnelle, la majorité atteindra son but, si elle vote la réunion de l'Assemblée nationale et supprime, dans les formes constitutionnelles, une

____

(1) Benjamin Constant, *Principes de politique...*, ch. 1.

liberté. Mais toucher à la Constitution paraîtra toujours chose d'une extrême gravité ; il est possible que l'appel solennel au pouvoir constituant réveille l'amour de la liberté, et que la passion fasse place à la justice.

Dans nos divisions politiques, l'histoire est peut-être ce qui nous divise le plus; je ne prendrai pas d'exemples d'erreurs ou de crimes commis par des majorités, dans l'histoire des derniers siècles ; je remonterai jusqu'au seizième. « Il faut l'avouer, dit Augustin Thierry, la bourgeoisie parisienne fut complice du pouvoir royal dans cette journée d'horrible mémoire (la Saint-Barthélemy). » Aux Etats généraux de 1576, Bodin, — un libéral de ce temps-là, — ne put jamais obtenir, même du tiers état, qu'à ce vœu inique : « Vos très humbles subjectz les gens du tiers estat vous supplient *vouloir réduire* tous vos subjectz à l'union de l'Eglise catholicque...par les meilleures et plus sainctes voyes et moyens... », il fût, du moins, ajouté : *sans guerre.* Un peu plus tard, en Angleterre, les lords et les membres des communes remerciaient la reine Elisabeth d'avoir mis en accusation la catholique Marie Stuart, et la suppliaient de faire exécuter la condamnation (1).

Mais qu'importent les leçons de l'histoire, si le silence de la Constitution actuelle a dépouillé les Français de la garantie constitutionnelle de leurs libertés ?

Cette interprétation du silence de la Constitution est condamnée, suivant nous, par les règles sur l'abrogation des lois et par la logique des choses.

Les auteurs du Code avaient formulé les règles de l'abrogation dans un *Livre préliminaire;* ce livre a été retranché, parce qu'il contenait des définitions; que les lois sont des volontés; que tout ce qui est définition est du ressort de la science. Ce que je ne peux invoquer comme loi, je l'invoque comme doctrine fondée sur la nature même des choses : « Les lois ne devant point être changées, modifiées ou abrogées sans de grandes considérations, leur abrogation *ne se présume pas.* — Les lois sont abrogées, en tout ou en partie, par d'autres lois. — L'abrogation est expresse ou tacite. Elle est expresse, quand elle est *littéralement* prononcée par la loi nouvelle. Elle est tacite si la

____

(1) Voy. M. Mignet, *Histoire de Marie Stuart,* t. II, p. 355.

loi nouvelle *renferme des dispositions contraires à celles des lois antérieures.* »

Le dernier texte constitutionnel qui a consacré, en France, les libertés publiques est l'art. 1er des Constitutions de 1852 et de 1870, ainsi conçu : « La Constitution reconnaît, confirme et garantit les grands principes proclamés en 1789, et qui sont la base du droit public des Français. »

On ne trouvera, dans les lois constitutionnelles de 1875, ni des textes qui abrogent *littéralement* l'art. 1er des Constitutions de 1852 et de 1870, ni des textes qui soient contraires à cette disposition. Donc, il n'y a eu ni abrogation expresse ni abrogation tacite.

Dira-t-on : L'art. 1er de la Constitut on de 1852 n'a jamais eu de valeur, parce qu'il n'en avait aucune dans l'esprit de son auteur ; la suppression de la liberté de la presse et la loi de sûreté générale l'ont bien prouvé !

Un texte clair n'est pas infirmé par les restrictions mentales de celui qui l'édicte ; les lois qui violaient les principes de 89 étaient inconstitutionnelles, même sous l'Empire ; le grand cœur du maréchal de Mac Mahon l'a senti, quand le généreux sénateur a déposé, contre la loi de sûreté générale, la boule noire qui est demeurée unique. Qu'on n'oublie pas, d'ailleurs, que *les libertés publiques* étaient mentionnées dans « les bases proposées à l'acceptation du peuple, » que l'une de ces bases était : « Une seconde assemblée formée de toutes les illustrations du pays, pouvoir pondérateur, gardien du pacte fondamental et *des libertés publiques.* » Le suffrage universel a donc consacré le principe contenu dans l'art. 1er de la Constitution de 1852.

Dira-t-on que les Constitutions sont abrogées, comme telles, par les révolutions qui les renversent; que les Constitutions de 1852 et de 1870 ont été détruites par la révolution du 4 septembre et par la déchéance que l'Assemblée nationale a prononcée?

En 1848, dans la discussion de la Constitution, un membre de l'Assemblée fit cette question : « Je demande à la commission ce qu'elle pense des Constitutions antérieures ; — y a-t-il une partie de ces Constitutions qui soit conservée ? » Dupin aîné, au nom de la commission, a répondu : « Dans une Constitution, il y a des principes fondamentaux, il y a des principes traditionnels, il y a des principes généraux qui vivraient en dehors de la Constitution, quand même elle ne les aurait pas reproduits et consacrés, et auxquels elle ne fait que donner une nouvelle sanction. Si, par exemple, nous n'avions pas jugé à propos de rappeler les principes de la propriété dans la Constitution actuelle..., est-ce que cela aurait aboli le principe qui déclare que toutes les propriétés sont inviolables (1) ?... »

S'il était vrai qu'une révolution, même libérale, abolît les textes de la Constitution antérieure qui consacraient les principes de 89, ces principes ne seraient écrits aujourd'hui dans aucun texte applicable, car la *Déclaration des droits*, elle-même, aurait été détruite par les révolutions postérieures.

Telle n'était pas la doctrine de l'Assemblée qui a fait la Constitution de 1875. Des décrets du gouvernement de la Défense nationale avaient prononcé la déchéance de quinze magistrats. L'Assemblée nationale a déclaré ces décrets « *nuls* et non avenus, comme contraires *à la règle de la séparation des pouvoirs et au principe de l'inamovibilité* de la magistrature, en réservant le droit souverain de l'Assemblée sur l'organisation judiciaire » (loi du 25 mars 1871).

Si, depuis la révolution du 4 septembre, il n'y avait plus en France de principes constitutionnels, comment le gouvernement de la Défense nationale avait-il pu rendre des décrets *contraires à une règle et à un principe* qu'il était tenu de respecter à peine de nullité?

Mais on a retranché le mot constitutionnel, qui était dans le projet de la loi du 25 mars !

Qu'importe le retranchement du mot, si la chose est restée (2)?

Mais l'Assemblée nationale statuait, par cette loi, sur le passé ; plus tard, quand elle a fait la Constitution, elle a, par son silence, abrogé toutes les Constitutions antérieures !

Cela est impossible : telle n'a pu être son intention ; la logique des choses y résistait. Il aurait répugné invinciblement à la raison de l'Assemblée nationale de décider que les Français n'auraient plus, sous la république, pour leurs libertés, la garantie constitutionnelle qu'ils avaient eue sous la monarchie. Comment! la Cour de cassation ne pourrait pas, aujourd'hui, juger ce qu'elle a jugé, en 1832, sous une Constitution royale,

____

(1) Duvergier, *Collection complète des lois...*, t. XLVIII, p. 608, notes.
(2) Voy. l'exposé des motifs, Duvergier, t. LXXI, p. 63.—Comp. M. Albert Desjardins, *Etude sur l'inamovibilité de la magistrature*, p. 45.

qu'une disposition de loi ou de décret, inconciliable avec la Constitution, est abrogée !

L'un des prévenus renvoyés devant la juridiction militaire, par suite de l'ordonnance du 6 juin 1832, qui avait mis Paris en état de siège, le sieur Geoffroy, excipa, devant le conseil de guerre, de sa qualité de non-militaire ; le conseil de guerre passa outre, il appliqua à Geoffroy le décret impérial du 24 décembre 1811, dont l'art. 103 portait : « Pour tous les délits dont le gouverneur ou le commandant (de la place mise en état de siège) n'a pas jugé à propos de laisser la connaissance aux tribunaux ordinaires... les tribunaux ordinaires sont remplacés par les tribunaux militaires. » Geoffroy, condamné à mort, attaque le jugement du conseil de guerre devant la Cour de cassation et prétend, par l'organe de Mᵉ Odilon Barrot, que le décret de 1811 avait été abrogé par la Charte. L'avocat général combattait ce moyen ; « Il n'y a point d'abrogation implicite ou par induction... Les lois ou les actes qui ont ce caractère ne sont abrogés que par des dispositions positives, ou par des lois postérieures incompatibles avec les premières, mais d'une incompatibilité formelle, absolue... La Charte est la Constitution habituelle et ordinaire du pays...; l'état de siège est une situation nouvelle, violente, accidentelle... La législation qui l'a réglé tient, comme cet état lui-même, à un ordre de choses différent et tout à fait hors du droit commun. Comment cette législation aurait-elle été atteinte par la Charte, qui se borne à dire, art. 53 : « Nul ne pourra être distrait de ses juges naturels ; » art. 54 : « Il ne pourra, en conséquence, être créé de commissions et de tribunaux extraordinaires, à quelque titre et sous quelque dénomination que ce soit?... » La Charte n'a pas prévu, elle n'a pas dû prévoir l'état de siège... Les art. 53 et 54 de la Charte supposent, comme toutes les lois constitutionnelles et normales, des temps ordinaires, des temps calmes et paisibles... il en est autrement d'une agression violente... Concluons que la Charte n'a pas aboli, parce qu'elle n'a pas prévu l'état de siège et ses conséquences, et que c'est l'état de siège lui-même qui est une dérogation à la Charte (1). »

La Cour de cassation a jugé : « Attendu que la Charte ni au-

____

(1) Sirey, 1832, 1, 417-422.

cune loi postérieure ne se sont occupées des lois et décrets qui régissent l'état de siège ; —Que ces lois et décrets doivent donc être exécutés dans toutes les dispositions *qui ne sont pas contraires au texte formel de la Charte...* ; — Vu les art. 53, 54, 56, 69 de la Charte... ; — Vu, enfin, l'art. 103 du décret du 24 décembre 1811... ; — Attendu que la disposition de cet art. 103 dudit décret est inconciliable avec le texte comme avec l'esprit des articles précités de la Charte..., reçoit le pourvoi de Geoffroy... ; — et, pour être procédé conformément à la loi, le renvoie en état de mandat de dépôt par-devant l'un des juges d'instruction... »

La Cour de cassation avait cependant maintenu, en principe, l'application des décrets impériaux ; mais, ici, elle s'arrêtait devant la Charte.

Aujourd'hui, s'il n'y a plus de libertés constitutionnelles, la Cour de cassation ne pourrait plus juger que la disposition antérieure, la plus contraire à la liberté, est abrogée comme inconciliable avec la Constitution ; l'Assemblée nationale aurait voulu cela ! Mais, disait Dupin aîné, l'absurde est pour les lois une borne infranchissable.

Il en est des Constitutions comme des conventions et des lois ordinaires ; elles doivent être interprétées de bonne foi ; il y faut sous-entendre ce qui était dans la pensée de ceux qui les ont faites ; « on doit suppléer dans le contrat les clauses qui y sont d'usage... : » or, toutes nos Constitutions antérieures à celle de 1875 déclarent ne maintenir en vigueur que « les dispositions *qui ne sont pas contraires à la présente Constitution...* » (art. 56 Constitution de 1852 ; art. 112 Constitution de 1848).

L'opinion que nous combattons conduit à cette conséquence : dans l'hypothèse où la dernière révolution aurait précédé soit l'abrogation des lois du second Empire contraires à la liberté de la presse, soit l'expiration de la loi de sûreté générale, ces lois auraient survécu à l'établissement de la République !

Je voudrais me rassurer en pensant que les lois inconciliables avec les principes de 89 ont été, du moins, abrogées par les Chartes, ou par la Constitution de 1848, même par l'art. 1er des Constitutions de 1852 et de 1870 ; — ce qui a été aboli ne peut être en vigueur.

Mais y a-t-il eu abolition ?

En même temps qu'on est si facile à prononcer l'abrogation

des Constitutions qui garantissaient les libertés publiques, on résiste, parfois, à toute abrogation des lois ou des décrets qui détruisaient ces libertés.

La Constituante avait dit : « L'Assemblée nationale, voulant établir la Constitution française sur les principes qu'elle vient de reconnaître et de déclarer, abolit irrévocablement les institutions *qui blessaient la liberté et l'égalité des droits*........ Il n'y a plus pour *aucune partie de la nation* ni pour aucun individu, aucun privilège *ni exception au droit commun de tous les Français* » (Préambule de la Constitution de 1791). La Constituante avait déclaré, pour tous les Français, « qu'ils ont droit de former entre eux des sociétés libres... » (déc. du 13 nov. 1790). Au mépris de ces principes, le décret du 3 messidor an XII a décidé « qu'aucune agrégation ou association d'hommes ou de femmes ne pourra se former à l'avenir sous prétexte de religion, à moins qu'elle n'ait été formellement autorisée par un décret impérial... » En admettant que ce décret n'ait pas péri, comme le décret sur les prisons d'Etat, avec le pouvoir qui l'avait rendu ; en admettant qu'il n'ait pas été abrogé par le titre du Code pénal sur les « *associations* ou réunions illicites, » il semblerait incontestable qu'il n'a pu survivre à l'art. 8 de la Constitution de 1848 : « Les citoyens ont le droit de s'associer... » Erreur, paraît-il ; les lois générales n'abrogent pas les lois spéciales antérieures !

Qu'on nous permette encore de montrer que la nature des choses et de nombreux précédents résistent à une pareille application de cette règle d'ailleurs excellente.

L'abrogation résulte d'un changement de volonté chez le législateur ; il change de volonté quand il change de principe ; il change de principe, par exemple, quand il substitue la liberté au despotisme (1). Sans doute, le changement de principe ne suffit pas pour qu'un article général abroge les lois ou les parties de lois spéciales antérieures qui ne se trouvent pas en opposition avec le nouveau principe ; mais cela a toujours suffi pour abroger les dispositions inconciliables avec la nouvelle loi générale. Exemple : en l'an VIII s'éleva cette question : les lois antérieures qui excluaient des droits politiques les parents

---

(1) « Entre l'école de la Constituante et celle de l'Empire..., il n'y a pas une simple différence, il y a antipathie profonde... » M. Hello, *Du régime constitutionnel*, t. I, p. 107. — Voir *ibid.*, p. 95 et suiv., la discussion sur l'abrogation tacite par la Charte de l'art. 46 de la Constitution de l'an VIII.

d'émigrés et les ci-devant nobles, avaient-elles cessé d'exister par le fait de la Constitution, ou fallait-il une loi pour les rapporter ? Le conseil d'Etat a répondu : « Les lois dont il s'agit, et toute autre loi dont le texte serait inconciliable avec celui de la Constitution, ont été abrogées par le fait seul de la promulgation de cette Constitution ; il est inutile de s'adresser au législateur pour lui demander cette abrogation ; — c'est un principe éternel qu'une loi nouvelle fait cesser toute loi précédente ou toute disposition de la loi précédente contraire à son texte ; principe applicable, à plus forte raison, à la Constitution qui est la loi fondamentale de l'Etat. — Or, les conditions qui déterminent le droit de voter et celui d'être élu aux diverses fonctions publiques sont réglées par l'acte constitutionnel. Il n'est pas permis au législateur d'en retrancher quelques-unes ni d'en ajouter de nouvelles : son texte est général, impérieux, exclusif. — Donc, toute loi ancienne qui en contrarierait l'application a cessé d'exister du moment où l'acte constitutionnel a été promulgué... — Les lois dont il s'agit n'étaient d'ailleurs que des lois de circonstance... ; — Le gouvernement créé par la Constitution de l'an VIII a toute la force nécessaire pour être juste, et maintenir dans toute leur pureté les principes de l'égalité et de la liberté... » Avis du conseil d'Etat du 4 nivôse an VIII (1).

C'est aussi un principe éternel, que les conventions légalement formées tiennent lieu de loi à ceux qui les ont faites. Néanmoins, une loi spéciale, la loi de frimaire an VII sur l'enregistrement, disait, art. 40 : « Toute contre-lettre faite sous signature privée, qui aurait pour objet une augmentation du prix stipulé dans un acte public ou dans un acte sous signature privée précédemment enregistré, *est déclarée nulle et de nul effet...* » Plus tard, une loi générale, le Code civil décide que les contre-lettres *ont effet entre les parties contractantes,* art. 1321. L'Administration prétend que l'article de la loi spéciale n'a pas été abrogé par la loi générale postérieure ; la Cour de cassation répond : « Attendu que, la contre-lettre (objet du procès) étant postérieure à la publication du Code civil, la matière se trouve régie par l'art. 1321 de ce Code et non par l'art. 40 de la loi du 22 frimaire an VII ; — rejette. » Arrêt du 10 janvier 1819. « Attendu, a dit, plus tard, la cour de Dijon, que le Code civil

____

(1) Duvergier, *Collection complète des lois,* t. XII, p. 46.

est la *loi générale* qui règle les formes, les conditions et les effets des conventions, tandis que la loi sur l'enregistrement n'a pour objet que d'établir les bases et le tarif de cet impôt... » Arrêt du 9 juillet 1828 (Comp. M. Demolombe, *Traité des contrats*, t. VI, n° 331).

Autre exemple : La loi de 1849 sur la naturalisation portait : « Le Président de la République statuera sur les demandes en naturalisation. La naturalisation ne pourra être accordée qu'après enquête... et sur *l'avis favorable du conseil d'Etat.* » Vient la Constitution du 14 janvier 1852, qui supprime, d'une manière générale, le pouvoir propre du conseil d'Etat : a-t-on hésité à décider, bien qu'il ne fût question de naturalisation ni dans la Constitution ni dans le décret organique de 1852, que l'avis *favorable du conseil d'Etat n'était plus nécessaire ?*

Les républicains des Etats-Unis et de la Suisse ne comprendraient rien au doute sur l'abrogation, par une disposition générale de Constitution, d'une loi spéciale antérieure contraire à la disposition constitutionnelle : ils vont bien plus loin : ils ont reconnu aux juges le pouvoir de ne pas appliquer même les lois postérieures à la Constitution qui leur paraîtraient inconstitutionnelles. M. de Tocqueville est d'avis que ce droit, pour les juges, tient à l'essence même du pouvoir judiciaire ; que c'est, en quelque sorte, le droit naturel du magistrat de choisir, entre les dispositions légales, celles qui l'enchaînent le plus étroitement ; il voit dans le pouvoir accordé aux tribunaux américains « une des plus puissantes barrières qu'on ait jamais élevées contre la tyrannie des assemblées politiques. » Mais, écrivant sous la Charte qui ne contenait pas le droit de reviser la Constitution, M. de Tocqueville n'admet pas qu'en France les tribunaux puissent désobéir aux lois, sous prétexte qu'ils les trouvent inconstitutionnelles : autrement, « le pouvoir constituant serait dans leurs mains, puisque seuls ils auraient le droit d'interpréter une Constitution dont nul ne pourrait changer les termes ;...en Amérique, où la nation peut toujours, en changeant la Constitution, réduire les magistrats à l'obéissance, un semblable danger n'est pas à craindre ; sur ce point, la politique et la logique sont d'accord, et le peuple ainsi que le juge y conservent également leurs privilèges... (1). »

(1) *De la démocratie en Amérique*, ch. 6 (13ᵉ édit.), t. I, p. 118. — Je remarque ce considérant d'un arrêt de la Cour de cassation : ... Attendu,

Pour M. Laboulaye, le système américain est une des plus grandes causes de paix intérieure « qu'on puisse trouver au monde. » Il approuve fort la Suisse d'avoir, dans la réforme de 1848, imité les Etats-Unis (1).

Nous pouvons, à notre tour, imiter les Américains et les Suisses, car notre Constitution est susceptible de révision.

En attendant ce progrès, n'abandonnons pas, du moins, la doctrine consacrée par la Cour de cassation, en 1832, que les lois ou décrets antérieurs à une Constitution sont abrogés par les dispositions constitutionnelles inconciliables avec ces lois ou avec ces décrets.

S'il est établi que l'ordre public exige le respect de la forme du gouvernement et celui des libertés publiques, attaquer notre organisation politique ou porter atteinte à nos libertés publiques, c'est violer un grand principe du Code civil ; la violation sera d'autant plus grave qu'elle ébranlera l'ordre public dans ses fondements constitutionnels : elle entretiendra dans notre société un trouble d'où les passions pourraient, quelque jour, faire sortir la guerre civile.

V.

Le cinquième principe du Code civil est l'assistance, dans les limites que marque le respect dû à la liberté.

Le Code a consacré l'obligation d'assistance entre les époux, entre les personnes le plus étroitement unies par la parenté ou par l'alliance ; il sanctionne aussi le devoir de protection en faveur de ceux que leur âge ou l'état de leur raison empêche de se protéger eux-mêmes.

Le Code s'inspire ici du principe de charité. Pour remplir les obligations qu'il impose, il ne suffit plus de respecter, il faut aimer ; ce n'est plus assez d'être juste, il faut être bon.

Mais notre législateur a su se renfermer dans les limites du droit ; il n'a pas empiété, au mépris de la liberté, sur le do-

---

d'ailleurs, que le principe de l'art. 2 Code Nap. n'est point, dans l'état actuel de la législation, *une règle constitutionnelle dont la violation doive faire annuler de plein droit la loi*, ou le règlement d'administration publique auquel le vice de rétroactivité pourrait être reproché ; qu'une telle disposition, s'il s'en trouvait en certaines matières, devrait encore être obéie, sauf au législateur lui-même à aviser... ; — Rejette, etc. » Arrêt du 15 avril 1863. — Ch. Req. — Affaire Alliot. — Devil. et Car., 63, I, 350.

(1) *Histoire des Etats-Unis*, 4e édit., troisième époque, p. 471-478.

maine réservé à la morale ; il n'a pas fait l'entreprise chimérique de rapprocher la condition du pauvre de celle du riche, en dépouillant le riche au profit du pauvre. « Les hommes ne naissent égaux ni en taille, ni en force, ni en industrie, ni en talents. Le travail et les événements mettent encore entre eux des différences. Ces inégalités premières, qui sont l'ouvrage même de la nature, entraînent nécessairement celles que l'on rencontre dans la société. — On aurait tort de craindre l'abus de la richesse et des différences sociales qui peuvent exister entre les hommes. L'humanité, la bienfaisance, la pitié, toutes les vertus dont la semence a été jetée dans le cœur humain, supposent ces différences et ont pour objet d'adoucir et de compenser les inégalités qui en naissent et forment le tableau de la vie. — De plus, les besoins réciproques et la force des choses établissent entre celui qui a peu et celui qui a beaucoup, entre l'homme industrieux et celui qui l'est moins, entre le magistrat et le simple particulier, plus de liens que tous les faux systèmes ne pourraient en rompre... » (Portalis, Exposé des motifs du titre *De la propriété*).

Il suffit que le Code ait fait quelques applications du principe de charité, pour que son autorité puisse être invoquée en faveur de ce principe.

Mais, aujourd'hui, l'assistance n'a pas besoin d'être stimulée ; c'est l'honneur de notre société que l'émulation de la bienfaisance existe entre toutes les communions religieuses, entre tous les partis politiques ; — faire en sorte que la misère diminue pourrait être écrit, comme devise, sur tous les drapeaux.

Le socialisme, il est vrai, prétend que le seul moyen efficace de combattre la pauvreté est de changer, plus ou moins profondément, notre organisation sociale ; il prétend, quelquefois, que la charité n'est pas seulement impuissante, qu'elle est, de plus, inconciliable avec la dignité humaine. Mais le socialisme n'a pas de crédit en France ; il ne s'y relèvera jamais de la défaite que lui ont infligée, en 1848, nos grands orateurs, au nom des principes éternels ; il a, d'ailleurs, contre lui la division du sol et de la rente, l'instinct et l'intérêt de la multitude des propriétaires.

On ne fera pas croire aux pauvres qu'il est honteux d'être assisté : ils bénissent la main qui les sauve des flammes ou des flots ; ils ont trop de bon sens pour se croire déshonorés par celle qui leur donne du pain et des vêtements.

Nous ne sommes donc pas divisés sur le principe d'assistance ou de charité. Toutefois, pour que l'entente soit cordiale et nous conduise à la réconciliation sur le reste, nous devons nous défaire de certaines préventions.

On ne croit pas volontiers au désintéressement de ses adversaires politiques ; on craindrait, en les secondant dans une œuvre dite de bienfaisance, de contribuer au succès d'une cause qu'on déteste.

Le remède est encore dans la justice et dans la charité. La première défend de présumer le mal, — c'est une règle de droit non moins que de morale ; — la seconde commande d'écarter tout ce qui peut refroidir la pitié et, par suite, d'exclure de l'assistance publique ou privée, ce qui divise le plus, la politique.

Justice et charité, voilà donc, avec le respect de Dieu, de la morale, de l'ordre public, les principes de ce Code que nous aimons et que nous vantons ; puissé-je avoir montré qu'il suffirait de leur être fidèles pour établir, entre nous, la concorde !

Ces principes sont ceux de la loi divine.

Ils sont encore ceux que, dans la Constitution républicaine de l'an III, la Convention, désabusée de ses erreurs, affranchie de ses passions, a solennellement consacrés en ces termes : « Le peuple français proclame, en présence de l'Etre suprême, la déclaration suivante des droits et des devoirs de l'homme et du citoyen... Devoirs : Tous les devoirs de l'homme et du citoyen dérivent de ces deux principes, gravés par la nature dans tous les cœurs : Ne faites pas à autrui ce que vous ne voudriez pas qu'on vous fît. — Faites constamment aux autres le bien que vous voudriez en recevoir. »

Paris. — Imprimerie de Ch. Noblet, 13, rue Cujas. — 8551

PARIS. — IMPRIMERIE DE CH. NOBLET

13, RUE CUJAS, 13

www.ingramcontent.com/pod-product-compliance
Ingram Content Group UK Ltd.
Pitfield, Milton Keynes, MK11 3LW, UK
UKHW022316170726
13837UKWH00005BA/2023